AF366274

L'ART ET LA MORALE

F. BRUNETIÈRE

DE L'ACADÉMIE FRANÇAISE

L'Art
et la
Morale

Deuxième Édition

PARIS

J. HETZEL ET Cⁱᵉ, ÉDITEURS

18, RUE JACOB, 18

1898

L'ART

ET

LA MORALE

MESDAMES, MESSIEURS,

Afin de ne surprendre personne, — et aussi pour m'assurer à moi-même le bénéfice de ma sincérité, — je vous dirai d'abord que je me suis proposé, dans cette conférence, d'être long, ennuyeux, obscur, et néanmoins banal. A la vérité, la faute n'en sera pas uniquement à moi, mais au sujet que j'ai choisi : *la Moralité dans l'Art,* ou, pour mieux dire :

l'Art et la Morale; sujet banal, vous le savez, comme étant en possession, — depuis le temps au moins de Platon, — de défrayer la conversation des Académies, des salons, des ateliers, des écoles, et cependant, en dépit ou à cause peut-être de sa banalité même, sujet complexe, et sujet difficile.

Je dis : à cause de sa banalité; et, en effet, l'une des grandes erreurs que l'on commette à propos des « lieux communs », c'est de les croire faciles à traiter. On ne se doute pas que la chose du monde la plus aisée qu'il y ait aujourd'hui, c'est d'être ou de paraître original; et les moyens en sont devenus si simples ! Il suffit tout bonnement de prendre le contre-pied de ce que l'on pense autour de nous. Dire de la charité, par exemple : « qu'il ne faut pas la faire », — et c'est ce qu'enseigne toute une école ; — dire de la justice : « qu'il ne faut pas la rendre » ; dire de la patrie : « qu'elle est un préjugé d'un autre âge », et vingt autres paradoxes de la même nature, c'est un moyen sûr d'étonner, de scandaliser à bon compte ses lecteurs ou son auditoire, et c'est aujourd'hui l'A B C de l'art du chroniqueur ou du conférencier. L'esprit courant ne consiste qu'à penser au rebours des autres ! Mais, inversement, — penser comme tout le monde ; chercher des raisons solides, et des raisons précises, aux opinions qui sont à peu près celles de tous les honnêtes gens ou de tous les gens cultivés ; les raffermir eux-mêmes, au besoin, dans ce que le savant professeur Lombroso a nommé leur *misonéisme*, et qui n'est qu'une sage défiance de la nouveauté ;

leur dire qu'il y a des idées, de vieilles idées, dont la vie de l'humanité ne saurait pas plus se passer que de pain ; leur communiquer enfin le rare courage, la singulière audace de ne pas vouloir, à tout prix, paraître plus « avancés » que leur temps, voilà, Mesdames et Messieurs, oui, voilà ce qui est difficile ; voilà ce qui est hasardeux ; et voilà ce que je voudrais essayer de faire aujourd'hui.

I

Vous connaissez le problème, et je n'ai besoin que de vous rappeler en quels termes se pose la question. Si nous en voulions croire les artistes, quelques artistes du moins, et la plupart des critiques ou des esthéticiens, mais surtout les journalistes, l'Art, le grand Art, avec un grand A, transformerait, transmuerait en or pur tout ce qu'il touche, le sublimerait, pour ainsi parler ; et d'une obscénité même ou de la pire des atrocités il en ferait un objet d'admiration, quelques-uns ne disent-ils pas un moyen de purification ?

Il n'est pas de *serpent* ni de *monstre odieux*
Qui par l'art imité ne puisse plaire aux yeux...

C'est ce que Pascal avait également dit, mais d'une manière toutefois plus janséniste, quand il avait écrit : « Quelle vanité que la peinture, qui attire notre admiration par l'imitation de choses que nous n'admirons pas dans la réalité ! » Vous voyez que je tiens ma promesse, et on ne peut guère apporter de citations plus connues.

1.

D'illustres exemples, au surplus, confirment, ou semblent confirmer, la parole de Pascal et les vers de Boileau. Nous admirons de bonne foi, nous nous savons gré à nous-mêmes, comme d'une preuve de goût, d'admirer, sous des noms grecs, des Vénus que nous n'oserions pas nommer en français ; et si nous dépouillons, (je sais bien que c'est un sacrilège), mais enfin, si nous dépouillons, du prestige de la poésie qui les transfigure, le sujet de la *Rodogune* de Corneille ou du *Bajazet* de Racine, par exemple ; si nous les réduisons l'un et l'autre à l'essentiel de la fable qui les soutient, qu'en restera-t-il, que deux aventures de harem, qui seraient assez bien à leur place dans les annales du crime et de l'impudicité (1)?

(1) Pour empêcher le mariage d'une jeune fille (Rodogune) avec l'un ou l'autre des deux hommes qui la

Cependant, nous dit-on, ni *Bajazet*, ni *Rodogune* surtout, ne sont des œuvres que l'on puisse taxer d'immorales. En s'emparant de ces aventures, le poète, — et c'est son privilège, — en a transformé la nature. Celui-là se condamnerait, il se disqualifierait, qui, mis en présence des déesses de Praxitèle, sentirait s'éveiller d'autres mouvements en lui que ceux de

courtisent (Antiochus et Séleucus), une femme, qui est leur mère (Cléopâtre), et qui ne voudrait pas leur rendre ses « comptes de tutelle », fait égorger l'un et essaie d'empoisonner l'autre : voilà tout le sujet de *Rodogune !* Celui de *Bajazet* est plus immoral encore, si, dans l'attrait d'une femme mariée (Roxane) pour un homme (Bajazet), et dans l'impuissance où elle est de se dominer, en vain chercherait-on autre chose ! et on n'y trouve absolument rien que de physique.

On sait que la hardiesse de Racine, dans le choix de ses sujets, comme dans la liberté de son observation, et comme dans le détail de son style, a égalé d'avance ou passé tout ce que le romantisme devait plus tard imaginer de plus audacieux.

l'admiration la plus chaste et la plus désintéressée : le fait est, continue-t-on, que l'artiste ou le poète nous ont comme enlevés à ce qu'il y a d'instinctif ou d'animal en nous ; ils ont opéré ce miracle de nous situer, — on ne sait trop comment, par un secret qui n'appartient qu'à eux, — dans une sphère supérieure, étrangère aux grossières excitations des sens ; ils nous ont libérés de nous-mêmes, (vous connaissez, et je n'y fais qu'une allusion en passant, la théorie du pouvoir libérateur de l'art, (1) celle de la *purga-*

(1) Voyez sur le premier point Hegel : *Esthétique ;* et pour le second, Schopenhauer, *Sur l'Esthétique de la Poésie* : « Les horreurs étalées sur la scène nous représentent l'amertume et l'insignifiance de la vie, le néant de toutes nos aspirations. L'effet de la tragédie doit être pour nous le sentiment, vague encore peut-être, qu'il vaut mieux détacher notre cœur de la vie, en détourner notre volonté, ne plus aimer le monde

tion des passions) ; et nous sommes entrés avec eux dans la région du calme suprême et du repos divin.

La Mort peut disperser les univers tremblans,
Mais la Beauté flamboie, et tout renaît en elle,
Et les mondes encor roulent sous ses pieds blancs...

Je ne suis pas de cet avis.

Et d'abord, si c'était ici le lieu de pro-

ni l'existence... *Car, s'il n'en était pas ainsi, si la tragédie ne tendait pas à nous élever au-dessus de toutes les fins et tous les biens de la vie, à nous détourner de l'existence et de ses séductions...* comment expliquer alors cette action bienfaisante, cette haute jouissance due au tableau du côté le plus affreux de la vie, mis en pleine lumière sous nos yeux ? » (*Le monde comme volonté...* Traduction Burdeau, t. III, p. 246.)

Il a raison : « Comment expliquer ? » Mais que reste-t-il de l'explication quand l'auteur tragique oublie cette condition première de son art ; et que reste-t-il de la tragédie ? La réponse est facile : il en reste le mélodrame, le fait divers, la chronique de l'adultère, ou du viol, ou du meurtre.

duire des textes, je ne serais pas embarrassé de prouver qu'il s'en faut que la sculpture grecque, — je dis celle de la grande époque, — ait toujours eu ce caractère d'idéale pureté qu'on est convenu de lui attribuer (1). Elle est païenne, il faut pourtant nous en souvenir quand nous en parlons ! et le paganisme, ce n'est

(1) Le latin dans ses mots bravant l'honnêteté, voici sur la *Vénus de Cnide*, un texte de Pline l'Ancien : « *Ferunt amore quemdam captum, cum delituisset noctu, simulacro cohæsisse, ejusque cupiditatis esse indicem maculam* ». (*Hist. Nat.*, XXXVI, 21.) On y pourrait joindre des textes analogues de Valére Maxime ou de Lucien, qui tous ensemble ont ceci d'important que, si l'on contestait la vérité du fait qu'ils rapportent, et si l'on n'y voyait qu'une manière « symbolique » d'exprimer le genre d'admiration qu'on éprouvait en présence de la *Vénus de Cnide*, ils n'en seraient que plus éloquents.

Aussi bien le progrès, dans l'histoire de la sculpture grecque, n'a-t-il consisté qu'à « découvrir » ce que cachait un art plus sévère ; et le triomphe de la nudité y a signalé le commencement de la décadence.

pas ceci ou cela, la religion de Jupiter ou
celle de Vénus, les mystères d'Éleusis
ou les Thesmophories, mais bien, et, en
trois mots, l'adoration des énergies de la
nature. L'accoutumance ici nous rend
aveugles; mais, pour y voir clair, songez
à ce que sont devenues, chez un Ovide,
par exemple, ou chez de très grands
peintres, un Michel-Ange, un Vinci, un
Corrège, un Véronèse, les amours du
maître des dieux : Europe, Danaë, Léda,
Sémélé, Ganymède; et plus générale-
ment toutes ces fictions voluptueuses
qui, après avoir défrayé l'art classique,
sont venues se terminer aux jeux épou-
vantables de l'amphithéâtre. Demandez-
vous aussi, dans un autre art, et dans un
autre ordre d'idées, si, quand nous sor-
tons de voir jouer ce *Bajazet* ou cette
Rodogune, dont je parlais tout à l'heure,

l'impression que nous en emportons n'
pas quelque chose d'étrangement mêlé
d'étrangement suspect? Il y a là-dessu
un aveu de Diderot que je ne peux pa
vous citer, parce qu'on ne cite pas aisé
ment Diderot, mais j'en ferai une note
si j'imprime cette conférence, et vous l
trouverez tout à fait éloquent. J'en fera
même deux notes ! et quand ce créateu
de la « critique d'art » admirait l'*Antiop*
de Corrège, je vous dirai de quelle fa
çon (1). Hélas ! Messieurs, Corneill

(1) « Il y a quinze ans, écrit-il en 1758, que no
théâtres étaient des lieux de tumulte ; les têtes les plu
froides s'échauffaient en y entrant ; on s'agitait, on s
remuait, on se poussait, l'âme était mise hors d'elle
même. La pièce commençait avec peine, était souven
interrompue, mais, survenait-il un bel endroit, les *b*
se redemandaient sans fin, on s'enthousiasmait. O
était arrivé avec chaleur, on s'en retournait dan
l'ivresse ; *les uns allaient chez des filles,* les autres se ré
pandaient dans le monde ; c'était comme un orage qu

même, le grand Corneille, n'est pas toujours moral ; et je veux dire par là que je ne serais pas sûr de la qualité des âmes qui se formeraient uniquement à

allait se perdre au loin et dont le murmure durait longtemps après qu'il s'était écarté. *Voilà le plaisir.* »

Sa manière d'admirer, non pas même l'*Antiope*, — je m'étais trompé en prononçant le nom de l'*Antiope,* et on pourrait en ce cas excuser Diderot, — mais la *Madeleine* du Corrège, n'est pas moins caractéristique.

« La différence qu'il y a entre la *Madeleine* du Corrège et celle de Van Loo, c'est qu'on s'approche tout doucement par derrière de la *Madeleine* du Corrège, qu'on se baisse sans faire le moindre bruit, et qu'on prend le bas de son habit de pénitente, seulement *pour voir si les formes sont aussi belles là-dessous qu'elles se dessinent au dehors,* au lieu qu'on ne forme aucune entreprise sur celle de Van Loo. » Cf. *Salon de 1761.*

Et enfin, puisque je le tiens, je me reprocherais de ne pas rappeler ici comment il admire la nature :

« Ma Sophie, quel endroit que ce Vignory... Imaginez-vous une centaine de cabanes entourées d'eau, de vieilles forêts immenses, des coteaux, des allées de prés qui séparent ces coteaux, comme si on les y

l'école de son « héroïsme »... Il y manque-rait ce que Shakespeare a si bien appelé « le lait de l'humaine tendresse ».

Je continue, Mesdames et Messieurs, de dire des choses banales, des choses terriblement banales, des choses même prudhommesques; et que serait-ce, au lieu de la peinture, de la sculpture ou de la poésie, si je m'avisais de vouloir emprunter mes exemples à la musique? (1).

avait placés à plaisir et des ruisseaux qui coupent ces allées prairies. Non, pour l'honneur des garçons de ce village, je ne veux pas me persuader qu'il y ait là une fille pucelle passé quatorze ans; une fille ne peut pas mettre le pied hors de sa maison sans être détournée; et puis le frais, le secret, la solitude, le silence, le *cœur qui parle*, les sens qui sollicitent... Ma Sophie, ne ver-rez-vous jamais Vignory ». (*Lettre à M*^lle *Volland*, du 17 août 1759.)

Ce sont là quelques-uns des principes sur lesquels ce « grand homme » a fondé la critique d'art.

(1) A la musique d'Offenbach, par exemple, et de l'opérette en général.

Mais, de toutes ces choses, voici la plus banale, je veux dire celle dont vous êtes au fond, quoique peut-être sans le savoir, le plus intimement convaincus, et cependant la plus difficile à établir. C'est que ces exemples n'ont rien qui doive nous étonner si, dans toute forme ou toute espèce d'art, il y a comme un principe ou un germe secret d'immoralité. Notez que je ne vous parle pas des formes inférieures de l'art : de la chanson de café-concert, par exemple, du vaudeville, ou de la danse... De la danse ! oui, je sais que David a dansé devant l'arche, et tous les jours encore il est question de danses hiératiques, de danses sacrées, (1) de danses guerrières. Il y a aussi la danse

(1) Une page de Loti suffira pour renseigner le lecteur sur les danses sacrées.

« *Annamalis fobil*, hurlaient les griots en frappant sur

du ventre; et si quelque auteur grave l'avait trouvée symbolique, je n'en serais pas autrement surpris. Mais, symbolique ou expressive de quoi? C'est là le point; et on ne prétendra pas apparemment que ce soit de la pudeur ou de la modestie. « Que de choses dans un menuet »! disait un maître à danser fameux. Sans doute encore, mais quelles choses?

leurs tams-tams, l'œil enflammé, les muscles tendus, le front ruisselant de sueur...

« Et tout le monde répétait en frappant des mains avec frénésie : *Annamalis fobil! Annamalis fobil!*... La traduction en brûlerait ces pages... *Annamalis fobil!* les premiers mots, la dominante et le refrain d'un chant endiablé, ivre d'ardeur et de licence, le chant des bamboulas du printemps!

« Aux bamboulas du printemps, les jeunes garçons se mêlaient aux jeunes filles qui venaient de prendre en grande pompe leur costume nubile, et, sur un rythme fou, sur des notes enragées, ils chantaient tous, en dansant sur le sable : *Annamalis fobil!* (*Le Roman d'un Spahi*, XXXIII.)

Car assurément les ballets d'opéra peuvent avoir toute sorte de qualités, — des qualités que peut-être ai-je moi-même la faiblesse de ne pas mépriser ; — ils n'ont pas celle d'élever l'âme, voilà de quoi je suis bien certain ! Une chanson de café-concert ne l'a pas non plus, ni un vaudeville : *Célimare le bien-aimé*, ou *Un Chapeau de paille d'Italie*.

Mais puisque aussi bien ce n'est pas ce qu'on leur demande, je n'insisterai pas. Ce serait me faire à moi-même la partie trop belle ! Prenons les choses de plus haut. C'est du grand art que je vous parle, du plus grand art ; c'est dans la notion du grand art que je dis qu'un germe d'immoralité se trouve toujours enveloppé ; et c'est ici que je vais commencer à devenir ennuyeux. Ou plutôt, non, Mesdames et Messieurs, ce sera tout à l'heure, car il faut auparavant que je vous conte la mémorable aventure de Taine, la plus glorieuse de ses aventures ! et celle qui témoigne le plus éloquemment qu'en lui la sincérité de la recherche et la loyauté du caractère ne le cédaient pas à l'éclat du talent.

Il avait débuté, vous le savez, — conformément à son intention de trouver un fondement objectif au jugement critique, (1) et ainsi de soustraire au caprice

(1) «... *L'intention de donner un fondement objectif au jugement critique* ». Si je crois avoir assez étudié Taine, et même, en plus d'un point, l'avoir assez fidèlement, non pas continué, mais suivi, pour avoir le droit de résumer son œuvre en quelques mots, c'en est ici la vraie formule : il a voulu donner au jugement critique un fondement objectif. Prenez en effet tous ses livres, l'un après l'autre, son *La Fontaine*, son *Tite-Live*, ses *Essais de critique et d'histoire*, sa *Littérature anglaise*, ses *Origines de la France contemporaine*, sa *Philosophie de l'Art*; ce qu'il a cherché pendant trente ans, ce sont les

des opinions particulières l'appréciation des œuvres de la littérature et de l'art, — par prendre à leur égard l'attitude, je ne dirai pas indifférente ou désintéressée,

moyens de ramener, de réduire à la certitude ce que l'on croirait, à première vue, que les opinions littéraires comportent de diversité légitime. *Il ne faut pas disputer des goûts*, dit un commun proverbe, ami de l'ignorance; et Taine a justement employé trente ans de sa vie à montrer qu'au contraire il faut « *disputer des goûts* »; et c'est à ce dessein qu'on voit bien aujourd'hui que toute son œuvre a tendu. Il y a des classifications en histoire naturelle, et pareillement, il a voulu montrer qu'il y en avait en histoire littéraire, en esthétique, en morale; des *échelles de valeurs*; et des moyens de les déterminer. Subordination des caractères, balancement des organes, sélection naturelle, il y a des principes scientifiques, et, pareillement, Taine a voulu montrer qu'il y en avait de moraux, d'esthétiques, de philosophiques. Là est l'unité de sa vie intellectuelle, et là aussi la garantie de la durée de son œuvre. En soudant, comme il disait, « les sciences morales aux sciences naturelles » il a voulu faire participer les premières de la certitude ou de la probabilité des secondes. Et il n'importe, après cela, qu'il se soit trompé

mais impartiale et impersonnelle, qui est celle du zoologiste en face de l'animal, ou du botaniste à l'égard de la plante. Que le zoologiste étudie les mœurs de l'hyène ou celles de l'antilope, celles du chacal ou celles du chien, et que le botaniste nous décrive la rose ou le datura stramonium, la belladone ou

Le brin d'herbe sacré qui nous donne du pain,

dans l'application! je n'en sais rien ni n'en veux rien savoir pour aujourd'hui. Mais qu'il ait cherché cela, et qu'il soit Taine, j'entends l'un des plus libres esprits et des plus hardis de notre temps, c'est ce qui donne une valeur singulière à sa théorie sur le *degré de bienfaisance du caractère*. Elle n'est pas l'invention ou le caprice d'un esthéticien attardé dans les principes de l'ancienne critique, mais l'induction d'un « positiviste », et le résultat de la comparaison la plus étendue que l'on eût faite entre elles des œuvres de la littérature et de l'art, depuis le Parthénon et les *Dialogues* de Platon, jusqu'au *Faust* de Gœthe et jusqu'aux « chefs-d'œuvre » de l'architecture en fer.

c'est toujours, vous le savez, de la même
patiente méthode qu'ils usent ; et on ne
les voit pas s'indigner contre la bête
féroce ou contre la plante vénéneuse.
On ne les voit pas changer, avec leur sujet, ni de ton ni de disposition d'esprit.
Taine voulut les imiter, et il put croire
un moment qu'il y avait réussi, quand,
sur ces entrefaites, lui qui ne connaissait
guère encore que la France et l'Angle-
terre, on le nomma professeur d'esthétique à l'École des beaux-arts ; et il visita
l'Italie. Ce fut une révélation. La différence du mieux, du médiocre, et du pire ;
cette différence, que l'esprit de système
nous dérobe si aisément en littérature,
parce que les mots expriment des idées,
et que nous avons toujours de l'inclina-
tion pour les idées qui se rapprochent
des nôtres, quelque faible qu'en soit

l'expression ; cette différence, que nous n'apprécions pas toujours en musique, parce que la musique est une espèce de science, en même temps qu'un art, et puis, et surtout parce que nos jugements ne dépendent nulle part plus qu'en musique de l'état de nos nerfs, elle éclate au contraire manifestement en peinture, en sculpture ; et Taine en fut profondément frappé.

C'est pourquoi, Mesdames et Messieurs, quand il commença de professer ces leçons célèbres sur *la Production de l'œuvre d'art,* sur *l'Art en Italie, en Hollande, en Grèce,* sur *l'Idéal dans l'art,* qui sont certainement, avec le livre d'Eugène Fromentin sur *les Maîtres d'autrefois,* et quelques rares écrits de M. Guillaume, ce que la critique d'art a produit de plus remarquable en notre temps (1), la nécessité lui apparut de classer, de juger les œuvres, d'établir, pour les juger, des *échelles de valeurs*, ce qu'on appelle plus pédantesquement un criterium esthétique ; et ce criterium où le trouva-t-il, Messieurs, après l'avoir cherché longtemps ? où le trouva-t-il, lui, l'élève de Condillac et d'Hegel, lui, le théoricien et le philosophe de l'impassibilité critique, lui, qui n'avait rien reproché plus vivement à l'éclectisme, aux Cousin et aux Jouffroy, que d'avoir tout voulu ramener « au point de vue moral » ? quel est le signe auquel il déclara, que, dans le musée des chefs-d'œuvre, se reconnaissaient les plus élevés ? C'est

(1) Fromentin pour la peinture, et M. Eug. Guillaume pour la sculpture (Cf. notamment son essai sur *Michel-Ange sculpteur*) ont ajouté à la critique de Taine ce qui lui manquait du côté de la « technique ».

à ce qu'il appela : *le degré de bienfaisance du caractère*. La page est importante ; et je veux vous la remettre sous les yeux tout entière :

Toutes choses égales d'ailleurs, l'œuvre qui exprime un caractère bienfaisant est supérieure à l'œuvre qui exprime un caractère malfaisant. Deux œuvres étant données, si toutes deux mettent en scène, avec le même talent d'exécution, des forces naturelles de même grandeur, celle qui représente un héros vaut mieux que celle qui nous représente un pleutre, et, dans cette galerie des œuvres d'art viables qui forment le musée définitif de la pensée humaine, vous allez voir s'établir, d'après ce nouveau principe, un nouvel ordre de rangs.

Au plus bas degré sont les types que préfèrent la littérature réaliste et le théâtre comique, je veux dire les personnages bornés, plats, sots, égoïstes, faibles et communs... Mais le spectacle de ces âmes rapetissées et boiteuses finit par laisser dans le lecteur un vague sentiment de fatigue, de dégoût, même d'irritation et d'amertume... Nous demandons qu'on nous montre des créatures d'un caractère plus haut.

A cet endroit de l'échelle se place une famille de types puissants, mais incomplets, et en général dépourvus d'équilibre....

Il en cite alors comme exemples les personnages ordinaires de Balzac et de Shakespeare : « Coriolan, Hamlet, Macbeth, Othello... Iago, Richard III, lady Macbeth, » et « Hulot, Baltasar Claës, Goriot, le père Grandet... Vautrin, Bridau, Rastignac » ; il les admire ; il admire en eux l'incarnation des forces élémentaires « qui gouvernent l'âme, la société et l'histoire ».... mais, il y a un mais :

L'impression qu'on en garde est pénible, on a vu trop de misères et trop de crimes ; les passions développées et entrechoquées à outrance ont étalé trop de ravages...

Montons encore un degré et nous arrivons aux

personnages accomplis, *aux héros véritables.* On en trouve plusieurs dans la littérature philosophique et dramatique dont je viens de parler. Shakespeare et ses contemporains ont multiplié les images parfaites de l'innocence, de la vertu, de la bonté, de la délicatesse féminines ; à travers toute la suite des siècles leurs conceptions ont reparu sous diverses formes dans le roman ou le drame anglais, et vous verrez les dernières filles de Miranda et d'Imogène dans les Agnès et les Esther de Dickens...

Et quelles sont enfin les œuvres qu'il place au plus haut du ciel de l'art, lui, je le répète, le théoricien du naturalisme, dont les sympathies profondes allaient toutes, en dépit de lui-même, aux manifestations de la force et de la violence ? C'est maintenant *Polyeucte, le Cid, les Horaces ;* c'est *Paméla, Clarisse, Grandison ;* c'est *Mauprat, François le Champi, la Mare au Diable ;* c'est *Her-*

mann et Dorothée, c'est l'*Iphigénie* de Gœthe ; c'est Tennyson avec ses *Idylles du Roi*. En vérité, qui s'y serait attendu, trois ou quatre ans auparavant seulement, quand il écrivait son *Histoire de la Littérature anglaise ?* et qu'avec une énergie de style qui ressemblait parfois à un exercice d'athlétisme, il glorifiait, dans le drame de Shakespeare ou dans la poésie de Byron, la splendide scélératesse de don Juan et d'Iago ?

Je ne discute pas, Messieurs, ces jugements ; je n'en conteste rien pour aujourd'hui ; je ne vous parle pas des restrictions qu'ils comportent, et dont l'auteur lui-même a d'ailleurs fait les principales. Mais j'y vois un témoignage instructif, — une présomption, si vous le voulez, — de ce que je vous disais tout à l'heure, c'est à savoir que l'art qui n'a que lui-même pour objet, l'art qui ne se soucie pas de la qualité des caractères qu'il exprime, l'art, en un mot, qui ne compte pas avec les impressions qu'il est capable de faire sur les sens ou de susciter dans les esprits, cet art-là, si grand que soit l'artiste, je ne dis pas qu'il soit inférieur, ce serait une autre question, mais je dis qu'il tend nécessairement à l'immoralité. Je vais essayer maintenant de vous en donner les raisons.

II

Il y en a une, si je ne me trompe, qui saute aux yeux d'abord, et qui est que toute forme d'art est obligée, pour atteindre l'esprit, de recourir à l'intermédiaire, non seulement des sens, notez-le bien, mais du plaisir des sens. Pas de peinture qui ne doive être avant tout une joie pour les yeux ! pas de musique qui ne doive être une volupté pour l'oreille ! pas de poésie qui ne doive être une caresse ! et là même, pour en faire la remarque au passage, là, est une des raisons des changements de la mode et du goût. Les œuvres subsistent, et, bonnes ou mauvaises, elles demeurent tout ce qu'elles sont. On les aime ou on ne les aime pas ! Elles ne changent pas de caractère ; et l'*Iliade* est toujours l'*Iliade*, l'*École d'Athènes* est toujours l'*École d'Athènes*. Mais les sens s'affinent, ou plutôt ils s'aiguisent ; ils deviennent plus subtils et plus exigeants ; ils ont besoin, pour éprouver la même quantité de plaisir, d'une quantité d'excitation plus

grande. On l'a fait observer finement (1) :
la Dame Blanche, le Pré-aux-Clercs, et
tant d'autres œuvres qu'on appelle aujourd'hui démodées, — quoique d'ailleurs

(1) Voyez A. J. Balfour : *les Bases de la croyance*,
1ʳᵉ partie, ch. ii. « En musique, l'artiste, dans sa
recherche de l'expression, a été aidé, de génération en
génération, par la découverte de nouvelles méthodes,
de nouvelles formes, de nouveaux instruments. De la
simplicité presque enfantine du chant liturgique ou de
la danse villageoise à la savante complication de la
moderne symphonie, l'art a passé par des phases suc-
cessives de développement au cours de chacune desquelles le génie a découvert des combinaisons de toute
sorte, qui auraient passé pour des paradoxes musicaux
chez les générations précédentes, et qui ne sont plus
pour les générations postérieures, que des lieux communs musicaux ; et pourtant, quel a été le profit net ?
Relevez, en remontant de Wagner, par exemple, jusqu'à
Platon, la longue série de jugements portés par chaque
époque sur ses propres ouvrages, *et vous verrez chacune
d'elles ayant une musique aussi adéquate à ses aspirations
que la musique moderne l'est aux nôtres.* Elle ne les touchait pas moins ; elle ne les touchait pas différemment ;
et des compositions où nous ne voyons plus que d'in-

les représentations en défrayent par douzaines les théâtres d'Allemagne — ont procuré sans nul doute à nos pères le même genre de plaisir que nous procurent *Carmen*, par exemple, ou *les Maîtres Chanteurs*. C'est que leurs

téressantes curiosités historiques, contenaient pour elles le secret des beautés transcendantes que notre musique d'aujourd'hui dévoile à ses rares initiés. »

Et M. Balfour, en concluant, se demande si cela signifierait peut-être qu'en musique : « un niveau constant de sensation esthétique ne saurait être maintenu qu'au moyen d'une quantité croissante d'excitation esthétique » ?

La question est naturelle ; et nous croyons seulement qu'elle se pose à l'occasion de l'histoire de la peinture ou de la littérature aussi naturellement qu'à propos de l'histoire de la musique. Qui ne sait que, pour en faire une seule des siennes, Térence avait besoin de deux pièces de Ménandre, et ne pourrait-on pas dire qu'il y a bien deux pièces de Térence dans une comédie de Molière ? Il y en a une de Molière, et une de Diderot ou de Sedaine, dans nos comédies françaises contemporaines : celles de Dumas ou d'Augier.

oreilles, moins exercées, étaient moins
exigeantes....

Vous êtes-vous encore demandé quelquefois d'où venait le dédain qu'il est
élégant, depuis quelques années, de manifester pour la peinture de Raphaël?
Indépendamment d'une part de sno-
bisme qui s'y mêle à coup sûr, et qui
consiste en ce que l'on croit ainsi se donner des airs de connaisseur, c'est que,
depuis une cinquantaine d'années, nos
yeux ont appris à jouir de la couleur
d'une façon bien plus intense qu'autrefois. Le sens de la couleur, qui a, comme
vous savez, toute une longue histoire, et
dont on peut suivre la complexité croissante dans le temps, semble avoir profité
de ce que perdait le sens du dessin ou de
la forme. Et des rouges ou des bleus,
des jaunes ou des verts nous réjouissent

aujourd'hui, comme tels, et n'ont besoin pour nous plaire que de leur vigueur ou de leur délicatesse (1). Peut-être est-ce aussi la raison, l'une au moins des raisons du développement du paysage. Le grand acteur du paysage, c'est la lumière ou la couleur, c'est le plaisir purement sensuel, ou d'abord sensuel, qu'il nous procure ; et les mots eux-mêmes dont nous nous servons pour admirer, par exemple, une toile de Corot, ne l'indiquent-ils pas, quand nous parlons de l'apaisement, de la fraîcheur, de la mélancolie qu'on y respire ? Tout cela n'est pas seulement *sensible*, mais *sensuel ;* et je ne crois pas avoir besoin d'y appuyer davantage.

Mais il résulte de là, Mesdames et

(1) On a souvent dit, — et on en a donné d'excellentes raisons, — que le coloris de Titien ou de Velasquez aurait effarouché Zeuxis et Parrhasius.

Messieurs, plusieurs conséquences ; et c'est ainsi qu'on a vu, — je dis dans l'histoire, — l'art, livré à lui-même et ne cherchant sa règle qu'en lui, poésie, musique ou peinture, dégénérer rapidement en un ensemble d'artifices pour émouvoir la sensualité. On ne lui demande plus alors, il ne se soucie plus lui-même que de plaire, et de plaire à tout prix, par tous les moyens ; et, littéralement, d'un conducteur ou d'un guide il se change en une espèce d'*entremetteur*. C'est le seul nom qui lui convienne, quand je songe à notre xviiie siècle finissant, aux romans de Duclos et de Crébillon fils, à celui de Laclos : *les Liaisons dangereuses ;* à la sculpture de Clodion, à la peinture de Boucher, de Fragonard, aux gravures libertines de tant de petits maîtres ; à cette fureur d'érotisme qui déshonore,

je ne dis pas seulement les *Poésies* de
Parny, mais celles même d'André Chénier (1). Osons enfin le reconnaître : tout
cet art qu'on nous vante, qu'on célèbre
encore, tout cet art, sous toutes ses
formes, n'a guère été pendant près d'un

(1) C'est même un des motifs pour lesquels on ne
saurait se tromper davantage que de persister à voir
dans Chénier un « précurseur du romantisme ». Chénier termine une époque de notre histoire littéraire et
n'en commence pas une. Ses dons d'artiste le distin-
guent de tant de médiocrités qui l'entourent, — et au
nombre desquelles figure en première ligne son ami
Lebrun, celui qu'on appelait en son temps Lebrun
Pindare, — mais on ne peut d'ailleurs appartenir plus
étroitement à son siècle ; et si l'on admet qu'il en sorte
par quelque côté, c'est *comme artiste* et pour rejoindre
Ronsard et les Alexandrins de la Pléiade. Ses *Élégies*
sont à ce titre un des livres les plus « sensuels » de
la langue française. Mais, au contraire, comme on le
sait, le romantisme, à quelques excès qu'il se soit porté
par la suite, a été grave à ses débuts, sérieux, chaste,
religieux, (Voyez les *Méditations,* les *Odes et Ballades,*
les *Poésies* d'Alfred de Vigny) et précisément cette

demi-siècle qu'une excitation perpétuelle à la débauche ; et croyez-vous que, pour être ce qu'on appelle élégante, la débauche en soit moins dangereuse ? Moi, je crois qu'elle l'est bien davantage !

Voici cependant qui est presque plus grave ; car, au fond, quand ils ne sont pas dépourvus de toute espèce de sens moral, ces Fragonard ou ces Crébillon savent, ils ne peuvent pas ne pas savoir, qu'ils font un vilain métier. Mais la séduction de la forme opère quelquefois d'une façon plus subtile ou plus insidieuse, dont l'artiste ou le public ont peine eux-mêmes à se rendre compte, et

gravité a été l'un de ses moyens de réagir contre le pseudo-classicisme de ses adversaires, qui était volontiers libertin. On ne peut guère lire de Népomucène Lemercier que ses *Quatre Métamorphoses*; et le chef-d'œuvre de l'ennuyeux Marmontel est la *Neuvaine de Cythère*.

dont les effets sont plus désastreux, parce qu'en corrompant le principe de l'art on a l'air de le respecter : *optimi corruptio pessima*. C'est quand on attribue à la forme une importance exagérée, pour ne pas dire une importance unique, et que, de cette importance même, il résulte alors ce qu'un critique italien, parlant de la décadence de l'art italien, a justement appelé « l'indifférence au contenu » (1).

(1) Francesco de Sanctis : *Storia della Letteratura Italiana*, t. I, p. 367 et suivantes.

Voici la page entière :

« L'Italie des lettrés a eu son centre de gravité dans les petites cours. Mouvement superficiel, qui ne vient pas du peuple et qui n'y retourne pas ; et aussi bien n'y a-t-il plus alors de peuple. Les républiques ont péri, et avec elles ont péri les passions politiques et les luttes intellectuelles. Il n'existe plus qu'une populace loque-teuse et superstitieuse, dont la voix est comme étouf-fée par la rumeur joyeuse des courtisans et des lettrés. Pour les lettrés, la gloire, les honneurs, les écus ! et aux princes les coups d'encensoir, au travers de la fu-

De la même main, aussi souple, aussi
caressante, aussi libertine, mais toujours
aussi sûre, dont il peignait hier une *Madone* ou une *Assomption*, c'est quand le

mée desquels nous entrevoyons le profil d'un pape Nicolas, d'un Alphonse le Magnanime, d'un Cosme et plus tard d'un Laurent de Médicis, d'un Léon X et des ducs d'Este...

« L'abaissement et la servilité des caractères s'accompagnent d'une profonde indifférence, religieuse, morale, et politique, dont on a vu poindre les commencements dès le temps de Boccace, et qui depuis lors a fait de tels progrès qu'elle est devenue le tempérament même de la société. Aussi se manifeste-t-elle avec une naïveté qui ressemble pour nous à du pur cynisme. Un reste de pudeur s'oppose encore à l'expression des doctrines qui ne sont pas universellement reçues, mais quant à la représentation de la vie, on ne croit plus avoir besoin d'aucun voile et on l'expose dans toute sa nudité.

« C'est alors qu'on voit naître l'indifférence au contenu : *l'indifferenza del contenuto*. L'harmonieuse unité de la vie, telle que Dante l'avait jadis conçue, l'accord de l'intelligence et de l'action est rompu. L'homme de lettres désormais n'est plus obligé d'avoir une opinion,

peintre, Corrège ou Titien, peint aujour-d'hui, chaude et ambrée sur un fond sombre, la nudité d'une courtisane. Avec la même plume dont il a déjà jeté sur le papier l'ébauche de son *Esprit des Lois*, c'est quand un Montesquieu écrit les *Lettres Persanes* ou *le Temple de Gnide*. Ou bien encore c'est quand on se délasse de la composition d'un *Stabat* en écrivant la musique d'un ballet. Qu'importent alors, en effet, les choses que l'on dit? Mais ce qu'il faut considérer, c'est la manière dont on les dit. La forme est tout, et le fond n'est rien, si ce n'est le

et encore moins d'y conformer sa vie. L'idée n'est pour lui qu'un thème, souvent fourni du dehors, et son unique affaire n'est que de le développer. Son cerveau n'est qu'un répertoire de phrases, de sentences, d'élégances; des cadences et des harmonies bour-donnent dans son oreille; ce sont autant de formes vides de toute espèce de contenu. »

prétexte ou l'occasion de la forme. Et comme cette recherche, comme cette curiosité, comme cette passion de la forme ne laisse pas de conduire à des effets nouveaux ; comme les qualités que l'on perd sont ou semblent être remplacées par d'autres ; comme l'exécution devient plus magistrale ou plus souple, on ne voit pas d'abord où cela mène. Cela, Mesdames et Messieurs, mène tout droit au *dilettantisme ;* et le dilettantisme, c'est la fin, et à la fois, de tout art et de toute morale.

Oh ! sans doute, je vous entends bien, je parle ici comme un barbare, pour ne pas dire comme un énergumène, à tout le moins comme un iconoclaste ; et, en général, c'est autre chose que vous voyez dans le dilettantisme. Le dilettantisme, je le sais, pour la plupart de ceux qui le professent et qui s'en vantent, pour la plupart de ceux qui lui sont indulgents, c'est l'indépendance de l'esprit, la liberté, la diversité, la supériorité du goût ; c'est « l'absence de préjugés » ; c'est la faculté de tout comprendre ; mais, Messieurs, si c'était aussi la faculté de tout excuser ? Car, enfin, nous qui croyons à quelque chose, et qui avons, comme on dit, des « principes », — vous savez que cela veut dire aujourd'hui, que nous sommes bornés de tous les côtés, — est-ce que l'on s'imagine que quand nous adoptons, quand nous soutenons une opinion, nous n'avons pas vu les raisons de l'opinion contraire, ou les difficultés de celle que nous adoptons ? Hélas ! il n'y a pas de critique ou d'historien digne de ce nom qui n'argumente contre ses goûts, qui ne combatte ses propres plaisirs, qui ne se raidisse contre ses entraînements. Mais c'est justement le dilettantisme qui n'est qu'une incapacité de prendre parti; un affaiblissement de la volonté, quand il n'est pas un obscurcissement du sens moral; et, — dans la supposition la plus favorable, — une tendance éminemment immorale à faire de la beauté des choses la mesure de leur valeur absolue.

Lorsque l'art en arrive là; — et il y arrive nécessairement toutes les fois qu'il ne cherche sa fin qu'en lui-même, ou dans ce qu'on appelle emphatiquement la réalisation de la beauté pure; — je le répète encore une fois, ce n'est pas l'art seulement qui est perdu, c'est aussi la morale ou, si vous voulez quelque chose de plus précis, c'est la société qui s'est fait de l'art une idole. Nous en avons un mémorable exemple dans l'Ita-

lie du xv⁰ et du xvıᵉ siècles, l'une des
sociétés assurément les plus corrompues
qu'il y ait jamais eues dans l'histoire, de
l'aveu même de tous les historiens,
l'Italie de tous ces tyranneaux, auxquels
il semble que nous ayons tout pardonné,
parce qu'ils ont fait peindre à fresque,
sur les murs et aux plafonds de leurs
palais, des mythologies triomphales ; ou
parce que les poignards qu'ils enfonçaient
dans le sein de leurs victimes étaient
merveilleusement ciselés par quelque
Benvenuto Cellini (1). Et la cause de
cette corruption, savez-vous, Messieurs,
où elle est ? Précisément dans cette ido-
lâtrie de l'art, ou, si vous l'aimez mieux,
dans la subordination, à l'art et à ses exi-

(1) Voyez encore sur ce point de Sanctis, *loc. cit.*
et J. Burckhardt, *La Civilisation de la Renaissance en
Italie.*

gences, de toutes les parties de la vie
publique et privée.

Les Italiens de la Renaissance, — a dit un excellent critique, — dominés qu'ils étaient par la
superstition de la forme, se sont arrêtés en littérature à la rhétorique, et c'est pourquoi nous ne
saurions trop sévèrement juger leurs dissertations
et leurs critiques, où l'on ne peut voir, en vérité,
que de pures manifestations d'épicurisme intellec-
tuel. Il n'en est pas moins vrai que le seul moyen
qu'il y ait de rendre pleine justice à l'élégante
frivolité de cette époque, c'est de la regarder
comme l'époque de la diffusion du sentiment de
l'art dans une nation dont tous les enthousiasmes
un peu sérieux ont été uniquement esthétiques...
Le langage des Italiens de la Renaissance, leur
idéal social, leurs habitudes, leur conception de la
morale et de l'homme, tout est chez eux condi-
tionné et déterminé par le concept de l'art. Époque
de fêtes et de cérémonies splendides où le mobi-
lier des appartements, l'armure des soldats, le
vêtement du citoyen, les pompes guerrières, les
spectacles publics, tout est invariablement et

comme nécessairement beau ! Les objets les plus familiers, destinés aux plus humbles usages de la vie domestique, les écuelles et les assiettes, un battant de porte, une cheminée, une couverture de lit, un panneau d'armoire, tout alors porte la marque du génie artistique de milliers d'artistes inconnus... et de même qu'on peut dire que notre vie contemporaine est dominée tout entière par la science, ainsi peut-on dire que dans l'Italie de la Renaissance l'art a vraiment exercé la même souveraine autorité (1).

Notez, Mesdames et Messieurs, ce dernier rapprochement ; nous y reviendrons tout à l'heure. Pénétrée du sentiment du « beau », l'Italie l'a été jusqu'à trouver de la beauté dans le crime. Elle a reconnu dans un crime bien fait, hardiment conçu, habilement exécuté, audacieusement avoué, des mérites analogues à ceux

(1) John Addington Symonds, *Renaissance in Italy* t. III. *The Fine Arts.*

qu'elle applaudissait dans ses œuvres d'art (1). Comment cela? Vous le voyez peut-être. C'est en distinguant et en divisant l'indivisible, en séparant l'insépa-

(1) On a fait plus d'une fois observer à cet égard l'étrange déviation de sens qu'avait subie, dans la langue de l'Italie de la Renaissance, le mot de *Virtù*, qui non seulement n'y désigne rien d'analogue à ce que nous appelons, nous autres barbares, du nom de *Vertu*, mais qui n'a même plus le sens du latin *Virtus*. Les dictionnaires italiens de nos jours l'ont ramené à son sens moral, et ils le définissent : « habitude d'agir conformément à la loi naturelle, civile et divine », mais passe-t-on du mot de *Virtù* à celui de *Virtuosamente,* on trouve l'explication : « Con gran maestria; con eccellenza d'arte », et *Virtuoso* se définit encore : « Dotato di possanza naturale ». C'est ce que *Virtù* veut dire au temps de Machiavel et de César Borgia. Il est à peu près synonyme de ce que nous entendons aujourd'hui par *Virtuosité*, et comme il y a des virtuoses de l'art de peindre ou d'écrire, il y en a pareillement de l'art de faire fortune, *quibuscumque viis,* auxquels d'ailleurs, — et c'est ici le grand point, — on ne demande pas seulement de réussir, mais de réussir d'une certaine manière, par de certains moyens,

rable, en dissociant la forme d'avec le fond, c'est en transportant dans l'exécution tout le mérite de l'art. Aussi longtemps que cette tendance a trouvé son contrepoids dans la sincérité du sentiment religieux, du sentiment moral, du sentiment social ou politique, elle a produit, elle a légué au monde les chefs-d'œuvre que vous savez, depuis la *Divine Comédie* de Dante, jusqu'à la décoration de la *Sixtine*. Mais à mesure que la tendance a pu se développer librement, à mesure aussi a-t-on vu commencer la décadence de l'art, et la décadence de la moralité suivre celle de l'art. C'est

par des moyens qui frappent les imaginations, et qui témoignent en leur genre d'une puissance ou d'une *maestria*, d'une *eccellenza d'arte*, d'une *possanza naturale* semblables ou équivalentes à celles d'un Vinci, d'un Dante ou d'un Machiavel.

une première preuve, à mon avis, —
une preuve par les faits, une preuve par
l'histoire, — que toute forme d'art ren-
ferme un principe d'immoralité ; et c'en
est donc une aussi qu'à l'obligation où il
est de ne pouvoir s'adresser à l'esprit que
par l'intermédiaire du plaisir des sens, il
faut que l'art oppose une sage défiance,
dont le premier point sera de ne jamais
chercher son objet en lui-même.

C'est à quoi, vous le savez, on a quelquefois essayé de répondre en lui don-
nant pour fin l'imitation de la nature ; et
à cet égard, je commence par déclarer
que deux choses sont également cer-
taines : l'une, que l'on ne se guérit en
effet du dilettantisme ou de la virtuosité
qu'en retournant à l'imitation de la nature ; et l'autre que, si l'imitation de la
nature n'est peut-être pas la fin de

l'art, elle en est du moins le principe.
« Toutes les règles, disait un grand
peintre, n'ont été faites que pour nous
aider à nous placer en face de la nature,
et ainsi nous apprendre à la mieux voir » ;
et un grand poète avait dit avant lui
qu' « on ne saurait sortir de la nature que
par des moyens qui sont eux-mêmes de
la nature ». Mais quelle est cette nature qu'il s'agit d'imiter ? Comment, dans
quelle mesure devons-nous l'imiter ? Si
nous sentons en nous quelque tentation
de la corriger, ou, comme on dit, de la
perfectionner, devons-nous y céder ? et
comment enfin la morale ou la moralité
s'accommodent-elles, — je veux dire toujours : comment, en fait et dans l'histoire,
se sont-elles accommodées de cette
recommandation et de ce principe ?

Messieurs, je n'examinerai point à

ce propos si la nature est toujours belle
ou si seulement elle l'est jamais (1)? La
question nous entraînerait trop loin
A la vérité, je dirais volontiers, pour ma
part, que si les couleurs ne sont pas dans

(1) N'est-il pas étrange, là-dessus, que, dans un siècle
où la vérité scientifique et la vérité morale elle-même
sont réputées « *subjectives* », on continue cependant de
parler de la *Beauté*, comme si tout ce que nous nom
mons des noms de *Laideur* ou de *Beauté* n'était pas
manifestement plus subjectif encore? Car il est bien
certain que pour des nègres et pour des Chinois deux et
deux font quatre, et, pour eux comme pour nous, tous
les points de la circonférence de cercle sont également
éloignés de leur centre, mais il n'est pas moins évident
que l'idée qu'ils se font de la beauté dans la nature
diffère singulièrement de la nôtre. Qui donc a dit que
« comme il fait la vérité de ce qu'il croit, ainsi l'homme
faisait la beauté de ce qu'il aime »? et la première partie
de l'aphorisme est discutable, mais non pas du tout la
seconde.

Voyez à ce sujet d'intéressantes considérations dans
le livre de M. Balfour, déjà cité, sur *Les Bases de la
Croyance*.

les objets, mais dans notre œil, (et on le démontre) à plus forte raison la démonstration vaudra-t-elle pour cette qualité relative et changeante entre toutes qu'on appelle la « Beauté ». Platon a dit, ou plutôt on lui a fait dire, que « le beau était la splendeur du vrai »; et j'aime certes Platon, mais ce n'en est pas moins là un bel exemple de ces âneries immortelles que nous nous transmettons pieusement de génération en génération (1). Si nous

(1) Voici encore une amusante contradiction « dont il faut s'empresser de rire, comme disait l'autre, de peur d'être obligé d'en pleurer». Je ne suis point assez Grec, j'aime mieux l'avouer humblement, pour oser disputer à Platon les mérites qu'on lui reconnaît, et qui me semblent avoir quelques rapports avec ceux de Renan, — le Renan de la *Prière sur l'Acropole* et des meilleures pages de ses *Souvenirs d'Enfance et de Jeunesse*. Mais quand on se rappelle que les hommes de la Renaissance ne se sont émancipés de l'autorité d'Aristote que pour se soumettre à celle de Platon, voilà qui fait

prenons en effet la peine de vouloir bien
nous entendre nous-mêmes, il n'y a aucune « beauté » dans un théorème de
géométrie, non plus que dans une loi chi-
mique, ou du moins la vérité n'y brille
que d'un éclat doux, modeste et timide.
Il n'y a de beauté, au sens humain du
mot, que dans ces lois très générales qui
sont à proprement parler des hypothèses
plutôt que des lois, et dont je n'ai garde
de médire, parce qu'il se pourrait que
la recherche en fût l'objet même, l'objet

songer! et ce sont d'assez tristes songeries! Car enfin,
Aristote raisonnait au moins comme un homme et
pensait comme un savant, mais Platon pense comme
un enfant et raisonne comme un sophiste. Cependant
approfondissez, creusez et recreusez toutes nos « esthétiques » depuis tantôt quatre ou cinq cents ans, jusques
et y compris celle de John Ruskin, que j'admire d'ailleurs, c'est de lui qu'elles procèdent, et nous sommes
toujours les très humbles disciples de ses divagations
sur « le beau idéal » *O miseras hominum mentes!*

le plus élevé de la science. On montrerait aisément en revanche qu'il y a eu de fort belles erreurs... Mais, je le répète, et sans vouloir examiner la question, toujours est-il que, tout comme la beauté, la laideur est dans la nature ; et vous connaissez, nous connaissons tous des artistes qui n'y ont vu qu'elle. Les romantiques ont même fait de la représentation de la laideur un article essentiel de leur esthétique ; — et ce n'est pas sans doute en ce point que le naturalisme contemporain les a désavoués (1).

(1) Quelques journalistes se sont emparés de cette phrase et de quelques autres sur le *naturalisme* et l'*imitation de la nature* pour me reprocher ce qu'ils appellent mon acharnement contre M. Zola. Leur répondrai-je à ce propos que, si je m'acharne contre M. Zola, c'est que M. Zola s'acharne lui-même à écrire de mauvais romans ; et que c'est son droit d'en écrire ; mais c'est le mien aussi de les trouver mauvais? Ce qui est

Ce qui est encore plus certain, et ce qui nous importe surtout aujourd'hui, c'est que, belle ou laide, la nature n'est pas « bonne »; et à peine sans doute ai-je besoin d'appuyer sur ce point, depuis que les Schopenhauer, les Darwin, les Vigny l'ont si solidement établi... Ne compliquons pas inutilement les choses, et ne nous embarrassons pas ici de considérations métaphysiques. Si le premier bien d'un être consiste à « persévérer dans son être », la nature, vous le savez

encore plus certain, c'est que M. Zola n'est pas à lui tout seul tout le *naturalisme,* et qu'on ne l'a pas attendu pour se proposer en art d'imiter la nature. Je ne songeais donc pas le moins du monde à *Paris* ni à *Rome* en prononçant cette conférence, et, pour être tout à fait sincère, comment l'aurais-je pu, si l'œuvre de M. Zola, que je ne considère point comme « immorale », mais plutôt comme grossière, n'a rien à mes yeux de commun avec l'art?

assez, nous a tous comme entourés d'embûches, et nous ne pouvons faire un mouvement sans risquer d'y périr. La vie se passe à essayer de vivre, et nous ne croyons pas plus tôt y avoir réussi que nous mourons. Nous console-t-elle au moins de vivre; et pouvons-nous, avec le poète, nous écrier :

Mais la nature est là qui t'invite et qui t'aime,
Plonge-toi dans son sein qu'elle t'ouvre toujours?

Mais plutôt, son « sein » est celui d'une marâtre; et son indifférence pour nous n'a d'égale que son insouciance de tout ce que nous appelons des noms de bien ou de mal.

On me dit une mère et je suis une tombe,
Mon hiver prend vos morts comme son hécatombe,
Mon printemps ne sent pas vos adorations.

Allons plus loin, Messieurs, la nature est immorale, foncièrement immorale, j'oserai dire immorale à ce point que toute morale n'est en un sens, et surtout à son origine, dans son premier principe, qu'une réaction contre les leçons ou les conseils que la nature nous donne (1). *Vitium hominis, natura pecoris,* a dit, je crois, saint Augustin : il n'est pas de vice dont la nature ne nous donne l'exemple, ni de vertu dont elle ne nous dissuade. C'est ici l'empire de la force brutale et de l'instinct déchaînés ; ni mo-

(1) C'est ce que j'ai tâché de montrer en plusieurs occasions, — et notamment dans une brochure sur *La Moralité de la doctrine évolutive,* — et si j'y reviens, si j'y insiste encore, c'est qu'il n'y a pas d'erreur plus dangereuse, on est à peu près unanime à le reconnaître aujourd'hui, que celle qui fonde la morale et l'espoir du progrès sur le développement des instincts naturels de l'homme.

dération ni pudeur, ni pitié ni miséricorde, ni charité ni justice; toutes les espèces armées les unes contre les autres, *in mutua funera;* toutes les passions soulevées, tous les individus prêts à tout contre tous, voilà le spectacle que la nature nous offre; et, si nous voulons l'imiter, qui ne voit et qui ne comprend que c'en est fait de l'humanité? Nous « plonger dans la nature »! Mais, Messieurs, si nous n'y prenions garde, ce serait nous replonger dans l'animalité; et c'est ce que de nos jours n'ont pas compris certains naturalistes, qu'en nous invitant à ne prendre en tout que la « nature » pour guide, c'était le cours même de l'histoire et de la civilisation qu'ils nous invitaient à remonter. Nous ne sommes devenus hommes, et nous ne pouvons le devenir tous les jours davantage qu'en nous dégageant de la nature, et en essayant de constituer au milieu d'elle « comme un Empire dans un Empire ».

Ajouterai-je après cela qu'elle n'est pas même toujours « vraie »? C'est ce que je devrais faire, Messieurs, si je ne tenais à me renfermer étroitement dans les bornes de mon sujet. La nature a ses défaillances; elle a ses exceptions; elle a ses monstruosités. Si nous voulons attacher aux mots des sens précis, qui nous permettent de nous entendre, il n'est pas « naturel » d'être borgne ou d'être bossu; et c'est ce que tant d'artistes oublient si aisément. Ils oublient également que

Le vrai peut quelquefois n'être pas vraisemblable;

nous en voyons tous les jours des exemples. Il arrive tous les jours que ce soit la réalité qui semble une fiction, et, au contraire, la fiction qu'on prendrait pour une réalité. C'est même un lieu commun parmi les romanciers que de dire qu'ils n'inventent rien que la réalité ne le dépasse... Mais toutes ces considérations sont de l'ordre purement esthétique, et je ne m'intéresse aujourd'hui qu'aux rapports de la morale et de l'art.

Or, vous le voyez, ils sont de telle sorte que, comme nous avons vu tout à l'heure l'immoralité s'engendrer de la séduction même de la forme, de même il est toujours à craindre qu'elle ne résulte également d'une fidélité trop grande de l'imitation. Les exemples en seraient innombrables dans l'histoire de la peinture, et surtout dans celle de la littérature ! Mais, comme je me ferais à moi-même la partie trop belle, si j'invoquais ici le souvenir des *Contes* de La Fontaine, ou de ses *Fables* (1), c'est à

(1) Il est étonnant que l'on doive encore aujour d'hui « démontrer » l'immoralité profonde des *Contes* de La Fontaine ; et cependant il le faut bien, puisque nous connaissons de fort honnêtes gens qui pour un peu n'hésiteraient pas à en recommander la lecture aux jeunes filles. Évidemment, ce qui dérobe ou ce qui masque aux yeux de ces honnêtes gens l'immoralité de *La Fiancée du roi de Garbe* ou de *Mazet de Lamporecchio*, c'est l'art de l'écrivain, sans doute, mais surtout c'est ce qu'ils trouvent de « naturel », je veux dire de « conforme à la nature » dans ces histoires licencieuses. Ils y trouvent une excitation légère à la débauche, et qu'est-ce après tout que la débauche ? Un d'entre eux, — et non le moins grand, ni même le moins honnête, au sens vulgaire du mot, — Denis Diderot, nous l'a dit dans son *Supplément au voyage de Bougainville* : « Je ne sais ce que c'est que la chose que tu appelles religion, dit Orou à l'aumônier, mais je ne puis qu'en penser mal, puisqu'elle t'empêche de goûter un plaisir innocent, auquel la nature nous invite tous, de donner l'existence à un de tes semblables... et d'enrichir une nation en l'accroissant d'un sujet de plus. » Et il continue : « Rien te parait-il plus insensé qu'un pré

l'auteur d'*Andromaque* et de *Bajazet* que je demanderai de m'offrir celui de son repentir. Lorsque, en effet, ce grand homme, — dans la maturité de l'âge et

cepte qui proscrit le changement qui est en nous, qui commande une constance qui n'y peut être, et qui viole la liberté du mâle et de la femelle, en les enchaînant pour jamais l'un à l'autre ; qu'une fidélité qui borne la plus capricieuse des jouissances à un seul individu ; qu'un serment d'immutabilité de deux êtres de chair, à la face d'un ciel qui n'est pas un instant le même, sous des antres qui menacent ruine, au bas d'une roche qui tombe en poudre, au pied d'un arbre qui se gerce, sur une pierre qui s'ébranle » ? On a reconnu dans ces dernières lignes la strophe célèbre de Musset :

Oui, les premiers baisers, oui, les premiers serments
Que deux êtres mortels échangèrent sur terre... etc.

Mais sans doute, on voit aussi quel est le sophisme, et que, s'il consiste à proclamer légitimes, comme telles, toutes les suggestions de l'instinct, c'est bien lui qui fait l'immoralité des *Contes* de Jean de La Fontaine. Celle qui caractérise les *Fables* dans leur ensemble est un peu de la même nature, si les actes répréhen-

du génie, n'ayant pas même encore atteint la quarantaine, c'est-à-dire l'âge où Molière n'avait pas seulement commencé d'écrire (1) — abandonna la scène, quels sentiments pensez-vous qui lui dictèrent sa conduite? Il eut peur de lui-même, Messieurs, peur de la vérité des peintures qu'il avait tracées; de la fidélité redoutable avec laquelle il avait rendu ce que les passions ont de plus naturel; de la justification qu'il avait trouvée de leurs excès dans leur conformité à l'ins-

sibles y sont présentés comme n'ayant de sanction que leurs conséquences. Les *Fables* enseignent de plus une résignation à l'injustice, et une soumission à la force qui sont la leçon même du plus bas utilitarisme.

La raison du plus fort est toujours la meilleure.

Qu'y a-t-il de plus « naturel », en effet?

(1) Racine, né en 1639, renonce au théâtre en 1677; Molière, né en 1622, donne ses *Précieuses Ridicules* en 1659.

tinct ; et c'est pourquoi, depuis ce moment, sa vie ne fut plus qu'une longue expiation des erreurs de son génie. Regrettons-le, si nous le voulons ! mais n'ayons pas l'esprit assez étroit pour nous en étonner, ni surtout pour en blâmer le poète ; et songeons qu'en ce moment même, depuis déjà plusieurs années, c'est l'exemple aussi que nous donne celui qui fut à son heure l'illustre romancier de *la Guerre et la Paix* et d'*Anna Karénine* (1). Vous en trouverez la preuve dans l'ouvrage dont les premiers chapitres viennent de paraître à la fois en russe et en anglais ; et qu'à la vérité je ne puis pas juger encore,

(1) C'est ce que l'on peut induire, non seulement de l'indifférence même, mais de l'irritation avec laquelle, au témoignage de tous ses *intervieuers*, Tolstoï parle de ses romans.

puisqu'il est inachevé, mais où je sais qu'il soutient le même combat que je livre aujourd'hui ; — et si cet effort n'a rien que d'ordinaire dans un critique ou dans un historien des idées, tant pis pour ceux qui ne comprendraient pas ce qu'il a d'héroïque dans un romancier !

Je suppose, Messieurs, qu'il n'aura pas manqué, dans cet ouvrage, de mettre en pleine lumière une dernière cause de cette immoralité que l'on peut regarder comme inhérente au principe même de l'art. Je veux parler d'une condition qui semble s'imposer à l'artiste, et qui consiste, pour assurer son originalité, non pas précisément à se retrancher de la société des autres hommes et à s'enfermer dans sa « tour d'ivoire », mais à s'excepter cependant du troupeau. « Si l'on écoutait toujours la critique, a dit excellemment La Bruyère, il n'y a pas d'ouvrage qui n'y fondît tout entier »; et il avait raison. Peintre ou poète, sculpteur ou musicien, si l'originalité de l'artiste est d'éprouver, à l'occasion des mêmes choses, d'autres sensations que les autres hommes, il semble qu'une de ses préoccupations doive être de ne pas les laisser en quelque sorte se « banaliser »; et, conséquemment, il semble que ce soit un droit qu'on ne lui puisse disputer. Mais à quels dangers, en tout temps, et surtout dans un temps comme le nôtre, l'application n'en conduit-elle pas?

L'humanité se partage alors en deux sortes d'hommes : les « Artistes », qui font de l'art; et les « Philistins », les « Bourgeois », les « Épiciers », qui n'en font pas, ou qui ne l'entendent pas comme les « Artistes », ou qui n'aiment pas le

6.

même art qu'eux. Rappelez-vous à cet égard Flaubert, dans sa *Correspondance*, ou les Goncourt dans leur *Journal* (1). On l'a dit, et je m'empresse d'y sous-

(1) Ce n'est pas qu'on ne les eût avertis du danger de la théorie, et à cet égard, on ne saurait rien consulter de plus instructif que la *Correspondance de Flaubert avec George Sand*.

« Je vous ai entendu dire : « Je n'écris que pour dix ou douze personnes », écrivait George Sand (octobre 1866). On dit, en causant, bien des choses qui sont le résultat de l'impression du moment ; mais vous n'étiez pas seul à le dire : c'était l'opinion du *Lundi* (les lundis de chez Magny) ou la théorie de ce jour-là. J'ai protesté intérieurement. Les douze personnes pour lesquelles on écrit et qui vous apprécient, vous valent ou vous surpassent ; vous n'avez jamais eu besoin, vous, pour être vous, de lire les onze autres. Donc, on écrit pour tout le monde, pour tout ce qui a besoin d'être initié ; quand on n'est pas compris, on se résigne et on se recommence ; quand on l'est, on se réjouit et on continue. Là est tout le secret de nos travaux persévérants et de notre amour d'art. Qu'est-ce que c'est que l'art sans les cœurs et les esprits où on le verse?

crire : « Quel amour, quelle passion, quelle religion de leur art! » Et, en vé-

Un soleil qui ne projetterait pas de rayons et ne donnerait la vie à rien ».

Flaubert lui répondait : « J'éprouve une répulsion invincible à mettre sur le papier quelque chose de mon cœur : je trouve même qu'un romancier n'a pas le droit d'exprimer son opinion sur quoi que ce soit », et, dans une autre lettre, un peu plus tard : « La philosophie sera toujours le partage des aristocrates. Vous avez beau engraisser le bétail humain, lui donner de la litière jusqu'au ventre et même dorer son écurie, il restera brute, quoi qu'on dise. Tout le progrès qu'on peut espérer, c'est de rendre la brute un peu moins méchante. Mais quant à hausser les idées de la masse... j'en doute, j'en doute. »

Et George Sand à son tour : « Il ne dépend pas de moi de croire que le progrès est un rêve. Sans cet espoir, personne n'est bon à rien. Les *mandarins* n'ont pas besoin de savoir, et l'instruction même de quelques-uns n'a plus de raison d'être sans un espoir d'influence sur les masses ; les philosophes n'ont qu'à se taire ; et ces grands esprits auxquels le besoin de ton âme se rattache n'ont que faire d'exister et de se manifester ».

Le résumé de la discussion se trouve dans une der-

rité, cela est admirable! Mais aussi quelle ignorance, quelle insouciance de tout ce qui n'est pas l'art, et leur art à

nière lettre, adressée de Nohant, en 1872, à un poète languedocien, du nom d'Alexandre Saint-Jean (*Correspondance de George Sand*, t. VI, p. 204, 205).

« Il y a deux écoles, je dirais volontiers deux religions dans l'art. La première dédaigne la médiocrité, le nombre, le public... L'autre école dit qu'il faut être compris de tous, parce que, dès que l'on se met en rapport avec la foule, il faut se mettre en communication avec les cœurs et les consciences. Ne veut-on être compris que de soi? Qu'on chante tout seul au fond des bois... Le talent impose des *devoirs* — c'est elle, George Sand qui souligne, — l'art pour l'art est un vain mot. L'art pour le vrai, pour le bon, pour le beau, voilà la religion que je cherche. »

Je ne trouve à reprendre là que cette éternelle équivalence du bon, du vrai, et du beau, lesquels peuvent bien avoir ensemble quelques rapports, et peut-être même qui se rejoindraient si nous pouvions en poursuivre assez loin la recherche, mais qui, dans la réalité de l'histoire, ne nous apparaissent que séparés l'un de l'autre par de profonds intervalles, d'irréductibles oppositions, et de véritables contradictions.

eux ; quel mépris de leurs contemporains,
des « sieurs Dumas, Augier, Feuillet »,
de tous les romans qui ne sont pas
Madame Bovary, de toutes les comé-
lies qui ne sont pas *Henriette Maré-
chal !* Évidemment nous sommes tous, à
eurs yeux, — nous autres qui croyons
qu'il pourrait y avoir dans la vie quelque
autre chose que l'art, — nous ne sommes
tous que de simples Bouvard, ou d'affreux
Pécuchet. Nous sommes la foule, et la
foule est toujours méprisable.

Je crois que la foule, le troupeau, toujours sera
naïssable. Tant qu'on ne s'inclinera pas devant
es mandarins, tant que l'académie des sciences
ne sera pas le remplaçant du Pape, *la société jusque
dans ses racines ne sera qu'un ramassis de blagues
écœurantes* (1).

(1) Cette phrase, à elle toute seule, nous explique
en passant deux choses : la première, qui est ce que

Je ne m'arrête pas à l'étrangeté de la phrase, — qui serait digne d'être piquée au mur des bureaux de rédaction, — mais vous voyez le sentiment ! Je ne réponds même pas que, si ce sont finalement les œuvres qui jugent les doctrines, on peut concevoir un emploi plus utile de sa vie que d'écrire des *Paradis artificiels*, des *Tentations de Saint-Antoine*, la *Faustin* et la *Fille Élisa*. Mais je vous demande, Messieurs, si la conséquence de la doctrine n'est pas de faire consister l'art en ce qu'il a de plus inhumain, et de

devait coûter le « travail du style » à l'homme dont la pensée se traduisait d'elle-même en des métaphores de cette incohérence ; et la seconde que, si sa *Correspondance*, pour être écrite à peu près continûment de ce style, n'en est cependant ni moins intéressante ni moins vivante, ni peut-être moins « littéraire », des métaphores qui se suivent, ne sont donc pas, comme il le croyait, le grand *criterium* de l'art d'écrire.

plus étranger à nos occupations, à nos soucis, à nos inquiétudes !

Non pas sans doute que l'on repousse pour cela les louanges ni l'admiration. « L'argent sent toujours bon », disait cet Empereur ; et nos « Artistes » estiment que, de quelque côté qu'elle vienne, l'admiration est toujours bonne à prendre, et à garder, si l'on le peut. Seulement, au milieu de ce concert d'éloges, si quelque malentendu s'élève un jour entre l'artiste et le public, son public ! c'est toujours le public qui se trompe ; et, rendons cette justice à nos artistes, ils croient qu'il y va de leur honneur d'aggraver le malentendu. Ah ! on nous reproche la dureté de notre manière. Eh bien, nous serons plus durs encore, et nous érigerons notre impassibilité même en principe de l'art. Ah ! on nous demande, on

réclame de nous de l'émotion et de la
pitié ! Eh bien, nous nous retrancherons
dans notre indifférence et notre froideur
Que nous importent à nous les misères
de l'humanité ! « Le troupeau est toujours haïssable. » Nous sommes les mandarins, devant lesquels il faut que l'on
s'incline ! A d'autres les préoccupations
de justice et de charité ! Nous, nous faisons de l'art, c'est-à-dire nous broyons
des couleurs et nous cadençons des
phrases ! Nous notons des sensations et
nous nous en procurons d'artificielles
pour les noter ! Nous faisons de l' « écri-
ture artiste », et si l'on ne nous admire
pas, c'est tant pis pour nos contemporains ! mais c'est tant mieux pour nous,
car qui ne nous comprend pas se juge
lui-même ; et l'incompréhensibilité de
nos inventions nous est justement une

preuve de notre supériorité. Il nous plaît d'être méconnus.

C'est ainsi qu'on s'enfonce dans une orgueilleuse satisfaction de soi-même! et cela importerait peu, s'il ne s'agissait que de l'accaparement de l'attention par une coterie! Mais ce que je hais de ces paradoxes, — et sans compter qu'ils ne vont à rien de moins qu'à couper l'art de ses communications avec la vie, — c'est ce qu'ils ont d'éminemment et d'insolemment aristocratique. Un peu d'indulgence, ô grands artistes, et permettez-nous d'être hommes! Oui, permettez-nous de croire qu'il y a quelque chose d'aussi important, ou de plus important au monde, que de broyer des couleurs ou que de cadencer des phrases! Ne vous figurez pas que nous soyons faits pour vous, et que depuis six mille ans l'huma-

nité n'ait travaillé, n'ait peiné, n'ait souffert que pour établir votre mandarinat
Il y a bien des choses dont nous nous
passerions plus aisément que de vous
et vous-mêmes, après tout, comment, de
quoi, pourquoi, dans quelles conditions
vivriez-vous, si le travail incessant de ces
Bouvard que vous méprisez, et de ces
Pécuchet pour lesquels vous n'avez pas
d'ironies assez cruelles, ne vous assurait
la sécurité de vos loisirs, la paix de vos
méditations, un public pour vous admirer, et j'oserai enfin le dire, votre pain
quotidien (1)?

(1) Puisque dans ces notes, je ramasse en quelque
manière tout ce que le spectacle des choses contemporaines me suggère à l'appui de ma thèse, c'est ici le moment de dire quelque chose de Nietzsche, le philosophe
à la mode, avec sa théorie du *Surhomme* ou du *Superhomme.*

Elle est en effet le terme où devait aboutir l'excès

III

Où tend maintenant ce discours, Mesdames et Messieurs, et quelles conclusions est-ce que j'en veux tirer ? Que l'art, comme on l'a dit de l'amour, est mêlé,

d'individualisme dont ce siècle aura souffert plus que d'aucun de ses autres maux, et qui, après avoir corrompu la littérature et l'art, est en train de désorganiser la société même. On peut dire qu'en formulant sa doctrine avec l'assurance tranquille d'un métaphysicien allemand, — les Allemands excellent à faire, comme on sait, la théorie générale de leurs qualités ou de leurs défauts individuels, — Nietzsche n'a fait qu'exprimer tout haut ce que nos Flaubert et nos Renan ont pensé tout bas. *Humanum paucis vivit genus !* L'apparition d'un « Superhomme » est la naturelle compensation des misères de l'humanité, et la *Tentation de Saint-Antoine* ou *la Prière sur l'Acropole* ne sauraient être

de notre temps surtout, et un peu de tout temps, « à une foule de commerces où il n'a non plus de part que le doge à ce qui se fait à Venise ? » Sans doute, et

trop payées de tout ce qu'il a fallu de sacrifices pour en former les auteurs. « L'idéal aristocratique cher à Nietzsche, — disait tout récemment à ce propos M. Henri Lichtenberger, — apparaît dans la *Correspondance* de Flaubert, et surtout dans les *Dialogues Philosophiques* de Renan. »

Je n'ai sans doute pas besoin de démontrer ce que cet « idéal aristocratique » a d'immoral en soi, comme étant « néronien », mais si par hasard on ne le voyait pas d'abord, il me suffirait pour le mettre en lumière d'en signaler une seule conséquence.

« Nietzsche — avait dit encore M. Henri Lichtenberger — proclame très expressément que sa doctrine ne s'adresse qu'à un petit nombre d'élus, et que la foule des médiocres doit vivre dans l'obéissance et la foi ». C'est presque textuellement la phrase de Renan sur « le peu de personnes qui ont le droit de ne pas croire au christianisme » ; et voilà qui va bien. Mais son commentateur a grand tort d'ajouter : « En bonne justice, on ne peut donc condamner ses théories sous prétexte que des impuissants gonflés de vanité lui empruntent

quoique rien d'ailleurs n'empêche un négociant en peintures ou un industriel de lettres d'être de vrais « artistes ». Cela s'est vu plus d'une fois dans l'his-

quelques-uns de ses préceptes ». Car, qui sont les « impuissants » ? à quels signes les reconnaît-on ? et si ce ne peut être évidemment qu'à leurs œuvres, encore faut-il qu'on leur ait laissé la liberté de se produire. Ce qui fait l'immoralité de la doctrine, c'est que chacun de nous a le droit de se considérer comme un « Superhomme » — et pourquoi non ? — et quand le monde entier lui crierait qu'il n'en est pas un, il en serait quitte pour en appeler à la postérité.

Or, et pour les raisons que nous avons essayé de donner, si cette illusion est naturelle à quelqu'un, on le voit, c'est à l'artiste, c'est au peintre, c'est au poète Non seulement le poète ou l'artiste ont le droit de ne pas sentir ou penser comme tout le monde, mais ils peuvent croire que c'est précisément l'originalité de leurs sensations ou de leurs idées qui les sacre poètes ou artistes. Flaubert se réjouissait de sentir autrement que le curé Bournisien ou le pharmacien Homais, et il y voyait la preuve de sa *Superhumanité*, comme Renan dans les divisions qui l'avaient séparé de ses maîtres de Saint-Sulpice. Qu'est-ce à dire, sinon que leur art se

toire ! L'atelier de plus d'un grand peintre, en Italie ou en Flandre, n'a été souvent qu'une fabrique de cartons ou de toiles ; et, de notre xviiie siècle entier, deux des rares œuvres qui survivent, — *Manon Lescaut* et *Gil Blas* — ont été, comme on disait alors, faites pour le libraire. Non ! ce n'est pas l'amour du lucre qui est le pire ennemi de l'art (1).

confondait pour eux avec ce qu'ils étaient souvent seuls à aimer dans leur œuvre ? et que, par conséquent, une croissante conscience de leur supériorité les enfonçait dans le mépris de leurs semblables ? Autre manière encore de ramener toujours la même conclusion. L'art ne commence qu'au point précis où l'individu prend conscience de ce qui le distingue de ses semblables, et en se distinguant, ou en s'exceptant de leur foule, il est en danger d'oublier qu'il n'est une exception, une distinction, et une originalité que par rapport à cette foule même.

(1) Ce que j'en dis n'est pas au moins pour encourager ceux qui font de leur talent ce qu'on appelle

Je ne veux pas dire non plus, Mesdames et Messieurs, que l'artiste ou l'écrivain se doivent travestir en prédicateurs de morale ! Il y a des sermonnaires et des moralistes pour cela, dont c'est la destination ou le métier. Quelque admiration que j'aie donc pour Richardson, c'est ce qui m'empêcherait de parler de *Clarisse Harlowe* avec l'enthousiasme déclamatoire de Diderot, et, bien plus encore, d'oser mettre, dans l'histoire de l'art, sa *Paméla* ou son *Grandison* à la hauteur où vous avez vu que

« métier et marchandise », mais les faits sont les faits, et il faut bien qu'on les constate. « Je suis saoul de gloire et affamé d'argent », fait-on dire au vieux Corneille ; et s'il l'a dit, il a eu tort ; le propos lui ferait peu d'honneur ; mais de courir après l'argent, ce n'est pas ce qui l'aurait empêché d'écrire un second *Cid* ou un nouveau *Polyeucte*, — s'il l'avait pu d'ailleurs.

Taine les avait placés (1). Il faut tâcher de ne rien confondre !

Mais, comme je me suis efforcé de vous le faire voir, si toute forme d'art, — en tant qu'elle est une volupté des sens ; en tant qu'elle est une imitation et par conséquent une apologie de la nature ; et en tant enfin qu'elle développe chez l'artiste ce ferment d'égoïsme qui est une part de son individualité ; — si toute forme d'art, livrée ainsi à elle-même, court le risque inévitable de « démoraliser » ou de « déshumaniser » une âme, il faut donc poser en premier lieu que l'art n'a pas toutes les libertés. « Laissez cela, mon enfant, disait un jour Montesquieu à sa fille qu'il avait surprise en train de lire les *Lettres Per-*

(1) Voyez, dans *l'Évolution des Genres,* le chapitre intitulé : *la Critique de M. Taine.*

sanes, laissez cela : c'est un livre de ma jeunesse qui n'est pas fait pour la vôtre » ; et je vous ai dit qu'à mon avis, ce n'est point pour se convertir que Racine abandonna le théâtre, mais il crut devoir se convertir parce qu'il avait fait du théâtre, ou, pour mieux dire encore, parce qu'il était l'auteur de son théâtre, le père d'Hermione, de Roxane, et de Phèdre. Le vieux Corneille, lui, n'a pas éprouvé le besoin de se convertir. Pourquoi cela, Messieurs? oh! pour une raison bien simple, et assez évidente! Parce que, dans sa vieillesse comme autrefois à l'aurore de sa gloire, il était convaincu que Rodrigue avait bien fait de venger l'honneur de Don Diègue ; qu'Horace était excusable d'avoir fait rentrer dans la gorge de Camille les imprécations qu'elle vomissait contre Rome ; que Po-

lyeucte était louable enfin d'avoir ren-
versé les idoles, et préféré la conversion
de Pauline à la tranquillité de leurs
amours. Il ne s'est point converti, parce
qu'il croyait n'avoir jamais excité que
des passions généreuses et nobles, si
d'ailleurs il lui était arrivé plus d'une
fois d'en peindre de basses ou de sangui-
naires. Et il ne s'est point converti, parce
que, comme Taine vous le disait tout à
l'heure, il était convaincu, lui, « dont la
main avait crayonné l'âme du grand
Pompée », de n'avoir travaillé qu'à l'exal-
tation du « vouloir » ; et, parmi toutes les
facultés humaines, le « vouloir », le vrai
vouloir, qui est la plus rare, est celle
dont les hommes ont toujours fait le plus
cas, d'abord comme étant la plus rare ; et
puis, comme étant la véritable ouvrière
du progrès personnel et social.

C'est comme si nous disions, en second lieu, que, si l'objet de l'art n'est évidemment pas d'émouvoir les passions ou de chatouiller les sens, il n'est pas non plus, il ne saurait être de se terminer et de se borner en quelque sorte à lui-même. Il y a plusieurs manières d'entendre la théorie de *l'art pour l'art*, et sur ce point, comme en tout, il ne s'agit que de s'accorder, et, par malheur, la plupart du temps, c'est ce que l'on ne veut pas (1). Mais si la théorie de *l'art*

(1) Il faudrait en effet se garder de croire que, comme l'a dit quelque part Dumas, — dans la *Préface* de son *Fils naturel,* — ce ne sont là que « trois mots absolument vides de sens ». Romantiques ou naturastes, les théoriciens de *l'art pour l'art* ont très bien vu ce qu'ils voulaient dire ; et il est permis, je crois même qu'il est bon, pour bien penser, de ne pas penser comme eux ; mais on ne peut pourtant se contenter avec Dumas de leur opposer une fin de non-recevoir.

pour l'art consiste à ne voir dans l'art
que l'art même, je n'en connais pas de
plus fausse; et j'ai tâché de vous dire
pourquoi. L'art a son objet ou sa fin en
dehors et au delà de lui-même; et si cet
objet n'est pas précisément moral, il est
social, ce qui d'ailleurs est presque la
même chose. Peintres ou poètes, il ne
nous est pas permis d'oublier que nous
sommes hommes, et de retourner, contre la société des hommes, les moyens
de propagande ou d'action que nous ne
tenons que d'elle. Vous rappelez-vous à
ce propos, Messieurs, ou connaissez-
vous cette page d'Alexandre Dumas? Je
dis « connaissez-vous »? parce que vous
ne la trouverez pas dans toutes les édi-
tions de son théâtre, mais dans celle
seulement qu'on appelle l'*Édition des
Comédiens* :

Ce qui a le plus grandi les poètes dramatiques, ce qui a le plus ennobli le théâtre, ce sont les sujets qui à première vue paraissaient absolument incompatibles avec les habitudes de la scène et du public. Il n'y a donc pas à nous dire : « Vous vous arrêterez ici ou là ». Tout ce qui est l'homme et la femme nous appartient, non seulement dans les rapports de ces deux êtres entre eux par les sentiments et les passions, mais dans leurs rapports isolés ou d'ensemble avec toutes les espèces d'événements, de mœurs, d'idées, de pouvoirs, de lois sociales, morales, politiques et religieuses qui produisent tour à tour leur action sur eux (1).

Voilà qui pourrait être assurément mieux dit, et je crains parfois, Messieurs, qu'une ou deux pièces mises à part, l'imperfection de la forme n'entraîne rapidement dans l'oubli le théâtre d'Alexandre

---

(1) On sait que cette préoccupation n'avait pas toujours été celle de Dumas, et il semble bien que ce soit George Sand qui la lui ait imposée. Voyez leur *Correspondance.*

Dumas ; mais vous entendez assez ce qu'il veut dire, et je m'y range absolument. L'art a une fonction sociale ; et sa vraie *moralité*, c'est la conscience avec laquelle il s'acquitte de cette fonction.

Vous me direz que cette formule est vague, et je le reconnais. Si elle n'était pas vague, si elle avait la précision d'une formule géométrique ou d'une ordonnance médicale, — les ordonnances médicales sont-elles toujours si précises ? — il ne s'agirait plus entre nous ni d'art ni de critique ou d'histoire, mais de science. Laissons les savants à leurs laboratoires, et ne nous imaginons pas qu'on trouve le secret du génie ni la loi de la morale au fond d'une cornue ! Si cependant nous voulons préciser davantage, nous le pouvons. Mais il faut pour cela, Mesdames et Messieurs, que vous me prêtiez encore un moment d'attention.

Il n'y a guère de doctrine plus répandue parmi nous, — et dont on abuse plus imprudemment aujourd'hui, — que la doctrine bien connue de la *relativité de la connaissance*. Mais que signifie-t-elle exactement? C'est ce que paraissent ignorer beaucoup de gens qui ne l'en professent pas moins; et voyez cependant combien elle peut revêtir de sens.

Dire que tout est relatif, cela peut signifier que rien n'est faux et que rien n'est vrai, mais tout est possible; tout est donc vraisemblable; et chacun de nous devenant ainsi « la mesure de toutes choses », comme l'enseignait l'antique sophistique, toutes les opinions se valent, et il n'y a que la manière de les exprimer qui diffère. Je ne m'arrête pas, Messieurs, à cette interprétation (1).

Mais, en second lieu, dire que « tout est relatif » cela peut vouloir dire que tout dépend, — non plus pour chacun de nous en particulier, mais pour l'homme en général, pour l'espèce, — de la constitution de ses organes ; et que, si nous avions le crâne fait d'autre sorte, ou six sens, par exemple, au lieu de cinq, ou trois yeux au lieu de deux, l'univers

(1) Je ne m'y arrête pas, parce que, trop évidemment, l'interprétation est abusive. En quelque matière, sur quelque sujet que ce soit, il n'est pas vrai « que toutes les opinions se valent » ; et si l'on dit qu'à tout le moins ne valent-elles que ce que valent eux-mêmes ceux qui les expriment, encore faut-il se mettre d'accord. On veut dire, en effet, par là, tout le contraire de ce qu'insinuent les sceptiques, et on entend que l'opinion d'un diplomate ne « vaut pas » en chimie celle d'un chimiste ou même d'un physicien.

nous apparaîtrait sous un aspect tout différent de celui que nous lui connaissons. Les corps se révéleraient à nous par d'autres qualités ; nous percevrions en eux ce que nous n'y percevons pas, des formes inconnues et des couleurs innommées... C'est bien possible, et je le crois volontiers ! mais je n'en sais rien, ni moi, ni personne ; et au reste cela est bien indifférent. Si, dans une autre planète, les corps, au lieu de trois dimensions, en ont $n + 1$, qu'est-ce que cela peut bien nous faire, aussi longtemps que nous ne le savons pas, et que sur terre ils n'en auront que trois ? Qu'est-ce que cela nous fait que la couleur des fleurs ou la saveur des fruits soient dans notre œil ou dans notre palais, pourvu que les roses soient toujours roses et les oranges toujours parfumées ? Vous en sentez-vous humiliés ou chagrinés (1)?

Mais il y a une troisième manière d'entendre la *relativité de la connaissance,* et la bonne, à mon sens, ou la meilleure,

(1) C'est ce qu'il semble bien que Kant ait voulu dire dans sa *Critique de la Raison Pure.* Mais je ne sais à cette occasion si l'on ne commet pas néanmoins une méprise, qui procéde elle-même de ce que l'on ne considère pas *la Critique de la Raison Pure* dans sa relation avec la *Critique de la Raison Pratique.* La relativité de la connaissance n'est pour Kant qu'un moyen dialectique de ruiner les autres formes de la certitude au profit de la certitude morale, et à cet égard, son dessein total n'est pas sans quelque analogie avec celui de l'auteur des *Pensées.*

A défaut d'une démonstration plus ample, dont ce n'est pas ici le lieu, c'est ce qui me paraît résulter de la confrontation de ces deux passages: « Il ne convient pas du tout à la philosophie, surtout dans le champ de la raison pure, de prendre un air dogmatique, et de se décorer du titre et des insignes des mathématiques, étrangère qu'elle est à leur ordre, quoiqu'elle ait toutes raisons de prétendre à une union fraternelle avec elles. Les vaines prétentions dont nous avons parlé ne peuvent jamais se réitérer ; il faut au contraire que la

qui est, — comme disait Pascal bien avant Comte et bien avant Kant, — que, « toutes choses étant causantes et causées, aidantes et aidées », rien ne peut

philosophie rétrograde au point de se donner pour but de découvrir les prestiges d'une raison qui méconnaît ses bornes ; et de réduire, par une explication satisfaisante de nos concepts, les prétentions de la spéculation à la modeste mais solide connaissance de soi-même. »

Mais d'un autre côté :

« La raison pure contient, sinon dans son usage spéculatif, du moins dans son usage pratique, savoir l'usage moral, des principes de *possibilité d'expérience*, — c'est Kant qui a souligné ; — et par conséquent une espèce particulière d'unité systématique, l'unité morale, doit être possible, tandis que l'unité physique systématique ne saurait être démontrée *par les principes spéculatifs* de la raison, celle-ci étant causalité par rapport à la liberté en général, mais non par rapport à toute la nature, et les principes moraux de la raison pouvant produire des actions libres, mais non des lois physiques. Les principes de la raison pure ont donc une réalité objective dans leur usage pratique, et principalement dans l'usage moral. »

être exactement défini que par rapport
à autre chose. Chacun de vous est assis
à sa place dans cette salle. Mais comment
en donnerai-je une idée à quelqu'un du
dehors? Ce ne sera qu'en commençant
par décrire la disposition de la salle,
celle des sièges, ma situation, à moi qui
parle, le fauteuil de droite, le fauteuil de
gauche, celui de devant, celui de derrière et dix autres, vingt autres détails.
En d'autres termes, tout objet est « relatif » à une infinité d'autres avec lesquels
il se trouve en rapports plus ou moins
constants, et d'ailleurs, selon leur nature,
plus ou moins complexes à déterminer.
Ou encore, et en termes généraux, philosophiques, si vous le voulez : toute
chose est engagée dans un système de
relations d'où résultent ses caractères;
et c'est ce que Pascal voulait dire quand

il ajoutait cet autre membre de phrase à celui que je viens de rappeler : « Je tiens impossible de connaître les parties sans connaître le tout, comme de connaître le tout sans connaître les parties. » Si nous ne connaissions de Racine que sa *Thébaïde*, songez un peu quelle étrange idée nous nous ferions de son génie! et comme nous le connaîtrions mal, si nous ne connaissions ce qui l'a précédé lui-même et suivi! Une certaine connaissance du *Cid* et de *Polyeucte* fait donc ainsi partie de la définition même d'*Andromaque* ou de *Phèdre*, et cette définition à son tour a besoin d'être complétée par quelque connaissance de *Zaïre* et de *Mérope*. On ne connaît vraiment Racine que quand on le connaît dans son rapport avec Voltaire et avec Corneille, tous les trois ensemble dans leur rapport avec Shakespeare ou avec Euripide, et tous enfin dans leur rapport avec une certaine idée de la tragédie que déterminent d'autres rapports encore (1).

(1) J'ai souvent cité, comme un bon exemple de cette « relativité de la connaissance » et du jugement littéraire, l'histoire ou l'évolution de notre poésie lyrique. Pendant plus de deux siècles, Ronsard et son école étant d'une part tombés dans l'oubli, et d'autre part, les Lamartine et les Hugo n'ayant pas encore paru, Malherbe et Jean-Baptiste Rousseau, pour ne rien dire de Chapelain et de Chaulieu, ont passé pour de grands, et de très grands poètes lyriques. On n'a peut-être pas admiré davantage Horace ni Pindare, et nos Français ont fait assurément moins de cas de Pétrarque ou de Dante. Pourquoi et comment cela? C'est qu'on ne prenait pas le point de comparaison où il l'eût fallu prendre, et on ne jugeait point de Malherbe ou de Rousseau *par rapport* à une certaine idée de la poésie lyrique, mais en eux-mêmes et, pour ainsi dire *absolument*. Or, *absolument*, il est vrai qu'ils n'écrivent point mal et qu'ils sont tous les deux d'habiles versificateurs. Mais, *relativement*, c'est-à-dire quand on a mieux connu les lyriques étrangers, et

Si nous nous plaçons à ce point de vue, nous nous apercevons, Messieurs, que la définition de l'art est ainsi relative à la définition d'autres fonctions sociales, avec lesquelles elle soutient ou elle doit soutenir des rapports déterminés ; ou, si vous l'aimez mieux, il nous apparaît que, comme la religion, comme la science, comme la tradition, l'art est une *Force*

quand, de notre temps, les Lamartine et les Hugo ont eu enrichi le lyrisme français d'accents jusqu'alors inconnus, il a bien fallu que le point de vue changeât, et avec le point de vue, le jugement. C'est ce qui est arrivé, comme on sait ; et ainsi, par une juste application du principe de « la relativité de la connaissance » deux hommes que nos pères considéraient comme les maîtres du lyrisme, sont devenus, pour la critique contemporaine « ceux qui ont tué le lyrisme ».

N'était-il pas juste après cela, qu'ayant travaillé depuis vingt ans à faire pénétrer dans la critique et dans l'histoire littéraire le sentiment de cette « relativité de la connaissance » on me reprochât l'étroitesse de mon « dogmatisme ? »

dont l'emploi ne saurait être réglé pa
elle-même, et par elle seule. Ces force
doivent s'équilibrer entre elles, dans un
société bien ordonnée ; et aucune d'entr
elles ne peut établir sur les autres s;
domination absolue qu'il n'en résulte u1
dommage, et quelquefois même des dé
sastres. Si c'est la religion qui l'emport
et qui se subordonne la tradition, l;
science, et l'art, l'histoire de la Papaut
du moyen âge est là pour nous racon
ter les grandeurs, mais aussi les danger
de la théocratie. Si c'est la tradition, l;
coutume, le respect superstitieux du pass
qui se rendent maîtres des consciences
et par conséquent des actions, il me
semble, — je n'ose dire davantage, —
mais il me semble que l'exemple de la
Chine sort de l'ombre en ce moment
pour nous enseigner, avec les avantages

de la stabilité, les dangers de l'immobilisation. Si l'art à son tour s'empare, pour la gouverner, de la vie tout entière, cela peut bien flatter d'abord quelques imaginations de dilettantes, mais nous y avons regardé de plus près tout à l'heure, et l'Italie de la Renaissance, à laquelle j'aurais pu joindre la Grèce de la décadence, sont là pour nous prouver que le danger n'est pas moindre. Je dirais volontiers qu'il est plus grand encore, ou aussi grand, du moins, quand on s'en remet, comme on l'a essayé de nos jours, à la science positive et expérimentale, du soin de diriger et d'ordonner l'existence. Au contraire, Messieurs, les grandes époques de l'histoire sont précisément celles où ces forces ont su se mettre en équilibre ; — et telles ont été particulièrement en France, les grandes années du xvii⁰ siècle, ou les premières années du nôtre.

La réalisation de cet équilibre (1) dépend-elle de la volonté des hommes? Et sommes-nous les maîtres, à tout moment de la durée, d'empêcher une de ces forces de se porter à l'excès d'elle-même? Pour ma part, Messieurs, je le crois. Je crois que, si nous le voulons, nous pouvons maintenir l'autorité de la tradition contre la fureur de la nouveauté. Je crois qu'il ne dépend que de nous d'empêcher la reli-

(1) On me demandera peut-être là-dessus si je connais les conditions de cet équilibre et les moyens de le rétablir quand il est une fois rompu? Non, je ne les connais pas! Car, si je les connaissais, j'aurais résolu le problème social. Mais c'est peut-être quelque chose déjà que de savoir qu'un tel équilibre, ayant existé, peut exister encore; et que, toutes les fois qu'il est rompu, « il y a quelque chose de pourri, comme disait Shakespeare, il y a quelque chose de pourri dans l'État de... Danemarck. »

gion même d'empiéter sur la liberté de la recherche scientifique. Je crois que nous pouvons refouler, contenir, obliger la science à ne pas dépasser les limites de son domaine propre. Et je crois enfin, que, de même que la science se caractérise par une sorte d'indifférentisme moral (1), si l'art, comme j'ai tâché de vous le faire voir, se caractérise, lui, par une tendance inconsciente à l'immoralité, nous pouvons, si nous le voulons, en annuler les effets, non seulement sans lui nuire, mais en le dirigeant au contraire vers son véritable objet. Mais il faudrait le vouloir ! — et malheureusement nous vivons dans un temps où, comme pour donner raison à une antique distinction,

(1) Voyez les brochures intitulées : *Science et Religion, Éducation et Instruction* et *la Moralité de la doctrine Évolutive*.

qu'on croirait bien subtile et bien vaine, et que de profonds philosophes ont même niée, la défaillance ou plutôt l'affaiblissement des volontés n'a peut-être d'égale que la croissante intensité des désirs.

Janvier 1898.

Paris. — Typ. Chamerot et Renouard. — 36065.